Pourquoi la publicité échoue et comment la faire fonctionner

En Capsules

Les secrets du mythique Dan S. Kennedy

INDEX

PRÉFACE

Beaucoup de publicités échouent

Souvent, ce n'est pas la faute de la publicité elle-même, mais plutôt des attentes irréalistes ou de la mauvaise utilisation qu'on en fait. Ce n'est pas non plus la faute du petit entrepreneur, qui pensait qu'il suffisait de devenir expert dans son domaine (droit, rénovations, médecine, restauration...) et non un expert en publicité.

Malheureusement, cette situation rend les propriétaires d'entreprise très vulnérables, les transformant en « victimes de la publicité ».

Dans ce livre, nous explorerons les différentes raisons des échecs publicitaires de manière claire et directe. Cela pourrait être un défi difficile à accepter, mais aussi un moment de grande révélation.

Pourquoi devriez-vous m'écouter ?

Premièrement, je n'ai aucun agenda à réaliser. Je suis parti à la retraite en tant que l'un des copywriters les mieux payés en Amérique, fidélisant plus de 80% de mes clients. Ce livre n'est pas une publicité pour mes services.

Deuxièmement, j'ai une vie entière d'expérience sur le terrain, j'ai été témoin de la folie et de la corruption des agences publicitaires et de la façon dont elles profitent de leurs pauvres victimes. J'ai aidé de nombreuses petites entreprises à prendre cette affaire en main et à utiliser la publicité pour construire de grandes entreprises, certaines allant même jusqu'à atteindre le milliard de dollars.

Troisièmement, j'ai toujours mis en pratique ce que j'enseigne dans ce livre en obtenant de grands résultats, je ne suis pas un académicien avec beaucoup de théorie et peu de pratique.

Enfin, vous vous en rendrez compte par vous-même en lisant ce livre: ces théories sont basées sur le bon sens. Je vais vous présenter des vérités que vous avez toujours soupçonnées, mais vous vous sentiez seul à penser ainsi et donc vous êtes resté silencieux. Le pire, c'est que, probablement, vous aurez dépensé de l'argent en publicité sans en être convaincu et sans voir de résultats.

En général, si vous avez des doutes sur les règles et les coutumes de votre secteur ou sur les conseils de vos collègues, vous devriez faire confiance à votre instinct. Si vous pensez qu'il y a une meilleure façon de faire quelque chose ou si vous avez des doutes, essayez d'en savoir plus, soyez plus sceptique.

Vos doutes sur la publicité sont ce qui vous a amené à lire ce livre, et vous verrez que vous avez bien fait!

CHAPITRE 1

Le rat qui rugit finit mal

Ce sera probablement le chapitre le plus irritant et désagréable. Après tout, même les perles naissent en irritant les huîtres!

Aucune publicité, peu importe combien intelligente ou bien réalisée, ne peut compenser un produit décevant ou une expérience frustrante.

Si vous « rugissez » et attirez beaucoup de clients qui vous quittent immédiatement parce qu'ils ne sont pas satisfaits, le coût d'acquisition de nouveaux clients, combiné à une faible fidélisation, vous mènera à la faillite.

Pour que votre publicité fonctionne, vous devez être capable de faire des affirmations audacieuses, excitantes, rassurantes et de toujours respecter, voire dépasser, les attentes du client!

Vous devez être toujours prêt: à quoi bon avoir un numéro de téléphone sur votre publicité si personne ne répond ? À quoi ça sert de faire venir les gens dans votre bureau si leur première expérience est de remplir un questionnaire ennuyeux et froid, peut-être dans un bureau sale et désordonné?

Ne prenez jamais pour acquis que les clients sont satisfaits, soyez toujours vigilant. Préoccupez-vous même des aspects les plus insignifiants. Ensuite, essayez de créer des messages publicitaires aussi attrayants et audacieux que possible et satisfaites les attentes des clients.

CHAPITRE 2

Des aveugles qui suivent d'autres aveugles

Certains ont un lézard qui parle, d'autres un oiseau avec un chapeau et des lunettes de soleil. Presque, ça te donne envie d'avoir une vache sur des patins qui chante. Mais et si je te disais que ces personnes jouent à un jeu financier totalement différent du tien?

Pire, si je te disais qu'ils n'ont aucun moyen de mesurer l'efficacité de leur belle publicité?

Et si tu regardais simplement une parade de fous à laquelle tu ne veux pas participer?

La vérité, c'est que nous sommes entourés d'idiots, et il existe une tendance dangereuse à croire que ceux qui dépensent une fortune en publicité savent sûrement plus de choses que toi. Ce n'est pas le cas.

En fait, après avoir lu le prochain chapitre, tu en sauras plus sur la publicité efficace que n'importe quel PDG de multinationale, diplômé ou petit entrepreneur, y compris tes concurrents.

Dans le prochain chapitre, nous analyserons tous les différents types de publicité en fonction de l'objectif qu'ils doivent atteindre.

Mais d'abord, il est important que tu comprennes que presque tout ce que tu vois dans la publicité de ton secteur ne représente pas la vérité à suivre.

Il faut de la créativité et du courage pour agir contre les normes communes, donc il est inévitable que ces mêmes normes soient renforcées par la majorité. Après tout, la plupart des gens ne sont ni créatifs ni courageux. Donc, ne te laisse pas guider par tout ce qui est la norme!

Le risque mortel est la pression des pairs dans ton secteur pour se conformer à la manière dont « cela doit » être fait. Tout le monde continue de se copier et d'obtenir de faibles résultats, mais personne n'a le courage de l'admettre.

Prenons le cas du propriétaire d'une entreprise qui produit des coussins: la manière dont « cela doit » être fait signifie généralement faire des partenariats avec des vendeurs de matelas et d'accessoires pour la maison. Tout le monde le fait.

Puis il y a la manière peu orthodoxe, celle qui peut te rendre riche en contournant tous les canaux de distribution. Cela pourrait être, par exemple, une publicité à la télévision où le propriétaire vend directement aux consommateurs en promettant « le meilleur sommeil de ta vie, garanti ».

CHAPITRE 3

Le but de la publicité

Je suppose que tu as chez toi une boîte à outils contenant, entre autres, un marteau et une lampe de poche. Si l'électricité est coupée, la lampe de poche peut être très utile, le marteau pas du tout.

Il en va de même pour la publicité, c'est pourquoi elle ne fonctionne pas quand tu te limites à copier ce que font les autres, ils pourraient avoir des objectifs différents des tiens et donc tu pourrais avoir besoin d'un outil différent.

Les grandes entreprises, par exemple, doivent se soucier de ce que penseront les actionnaires et les experts financiers. Ton objectif publicitaire est totalement différent du leur (vendre !).

Il est donc vital de comprendre exactement ce que tu cherches à atteindre avec ta publicité et ensuite comprendre les différents types de publicité, afin de connaître la différence entre une lampe de poche et un marteau.

Les 4 types de publicité

1. Brand awareness/Image;

2. Achat immédiat (Étape unique);

3. Génération de leads (Multistep);

4. Hybride.

1. Brand awareness/Immagine

C'est ce que tu vois le plus souvent faire, aussi bien par les grandes multinationales que par les petites entreprises qui se contentent de copier ce que font les grandes... en supposant que si tout le monde le fait, cela doit être correct.

Dans certains cas, cela a du sens, par exemple pour un produit emballé qui doit se démarquer sur l'étagère parmi de nombreux autres produits concurrents. Tu n'auras jamais de place sur les étagères si les revendeurs ne sont pas impressionnés par ta publicité de marque et il sera très difficile pour les consommateurs de choisir un produit spécifique sur l'étagère sans brand awareness.

À part dans des cas spécifiques comme celui-ci, faire du brand awareness requiert un coût trop élevé et un temps trop long avant de voir des résultats.

Il existe un moyen de créer du brand awareness comme sous-produit gratuit de la publicité direct response, je l'explique dans mon livre « Construire une marque avec le direct response ». C'est la stratégie de marque la plus utile pour les petites entreprises.

Les agences adorent vendre du brand awareness parce qu'il ne permet pas de quantifier son efficacité et gonfle l'égo du client. Plus ils te parlent d'image et de marque, plus tu dois t'inquiéter. Fais-le seulement si tu as une bonne raison.

2. Achat immédiat (Étape unique)

Ce type de publicité est également très répandu dans de nombreux secteurs ; c'est une sorte d'invitation à entrer dans le magasin/bureau pour une vente à prix réduit ou un rendez-vous gratuit. Cette méthode, avec de rares exceptions, ne peut attirer qu'une petite partie de l'audience atteinte, à savoir ceux qui sont prêts à acheter immédiatement.

Malheureusement, elle n'offre rien pour tous les autres qui voient la publicité et aimeraient en savoir plus, mais ne sont pas encore prêts à acheter immédiatement. Une alternative pourrait être d'offrir plus de raisons de répondre et plus de façons de le faire, ainsi, en plus de ceux qui veulent acheter immédiatement, vous obtenez également des leads intéressés à éduquer pour un achat futur.

Avec cette approche plus sophistiquée, vous pouvez rendre votre budget publicitaire beaucoup plus efficace. Voici quelques exemples pour mieux comprendre:

1. Pour un conseiller financier: "Si vous ne pouvez pas participer à notre séminaire sur le nouveau système fiscal, laissez-moi au moins vous offrir mon rapport gratuit 'Les 7 nouveaux pièges fiscaux qui compromettront vos économies'. Appelez le numéro XXXXXX ou visitez www.XXX.com. Si vous êtes

simplement indécis sur la participation au séminaire, vous pouvez regarder ici une vidéo gratuite de 10 minutes pour mieux comprendre de quoi il s'agit.

2. <u>Pour un magasin de meubles</u>: "Si vous ne pouvez pas venir en magasin ce week-end, permettez-nous au moins de vous envoyer gratuitement notre nouveau livre illustré '25 chambres transformées pour moins de 99€ par mois'. Appelez le numéro XXXXXX ou visitez www.XXX.com. Une fois sur le site, vous pourrez voir une vidéo de 3 rénovations et participer à un concours pour gagner une cuisine entièrement nouvelle!

De nombreux entrepreneurs craignent de diminuer l'efficacité de leur publicité en dissuadant les clients d'acheter immédiatement. Principalement, cette peur est due au fait qu'ils n'ont pas mis en place un système de suivi qui garde les leads "au chaud" et les accompagne vers un achat futur. Nous verrons comment faire cela dans le chapitre 4.

Si vous êtes vraiment attaché à l'étape unique et que vous ne voulez absolument pas changer de stratégie, assurez-vous au moins que votre offre soit vraiment irrésistible, audacieuse et différente des autres.

3. Génération de leads (Multistep)

Ce type de publicité ne cherche pas immédiatement à attirer de véritables clients. Son seul but est de générer des leads intéressés, je l'appelle publicité "info-first". Il ne s'agit pas d'offrir une brochure, mais des informations pertinentes qui apportent un bénéfice même si on décide de ne rien acheter par la suite. Ce type de publicité peut être brandé ou non.

Un bon exemple de génération de leads brandée est celui réalisé par Fisher Investment: il offre des guides gratuits et des rapports aux personnes sur le point de prendre leur retraite et possédant au moins 500 000 € d'actifs.

La génération de leads sans marque génère souvent plus de leads avec moins de budget. Un exemple en est ces publicités qui créent de la curiosité, intriguent, parlent souvent de secrets et de révélations sans clairement indiquer quelle entreprise est derrière.

Attention: dans certains secteurs, ce type d'approche pourrait être interdit, donc c'est votre responsabilité de vérifier sa légalité. Souvent, les grandes entreprises qui font de la génération de leads utilisent les deux types parallèlement: avec et sans marque.

4. Hybride

Combiner différents types de publicité est possible, mais c'est très difficile à réaliser car on risque de confondre le client.

La génération de leads est souvent ajoutée de manière grossière à la brand awareness et produit de faibles résultats. Le direct response peut coexister dans la même publicité comme un boost à la marque, mais la priorité doit être la réponse immédiate.

Remplir l'espace avec des logos et des noms en gros caractères vole la vedette à l'appel à l'action, et vous devez donc vous demander ce qui est le plus important pour vous: être rappelé à l'avenir ou obtenir une réponse immédiate?

Si vous voulez que votre publicité réponde à trop d'objectifs, vous ne réussirez sûrement à en satisfaire aucun.

CHAPITRE 4

La publicité ne vit pas sur une île

L'une des principales raisons de l'échec de la publicité est qu'elle est séparée et isolée, alors qu'elle devrait faire partie d'un système intégré pour attirer de nouveaux clients. Ce système doit relier de manière fluide publicité, vente et marketing et, idéalement, amener un nouveau client à devenir un client régulier.

Pourtant, souvent, dans de nombreuses entreprises, ce système manque: les vendeurs vendent, la publicité est déléguée aux agences et aux experts des médias sociaux, tandis que le marketing est souvent négligé ou géré par des personnes ayant d'autres fonctions. Il devrait pourtant servir de pont entre la publicité et la vente.

Si vous êtes déterminé à organiser ce système, vous en tirerez d'énormes avantages, mais je vous préviens: tous ceux qui vivent actuellement sur des îles séparées s'opposeront à vous.

Les systèmes opérationnels sont une nécessité, ils font avancer votre entreprise, les gens devraient se contenter de faire fonctionner ces systèmes.

Malheureusement, les systèmes de marketing ne sont pas la norme dans les entreprises ordinaires, mais ils le sont toujours dans celles qui réussissent, petites et grandes (et les petites deviennent souvent grandes grâce à eux).

La publicité devrait servir à amener un client potentiel à franchir la première étape/achat, à ouvrir "la première porte".

La première porte est l'expression d'intérêt pour votre produit ou service.

La publicité peut aussi décourager et filtrer les clients peu adaptés, comme le fait par exemple Fisher Investment: "... si vous avez un patrimoine d'au moins 500 000 €".

Elle peut aussi qualifier un client potentiel à travers une petite transaction, par exemple un livre gratuit mais avec les frais de port à payer, ou une petite somme remboursable pour garantir la présence à un certain événement/rendez-vous. Il s'agit du soi-disant "*tripwire*". C'est une somme assez basse pour ne pas dissuader ceux qui sont réellement intéressés, mais suffisante pour repousser les tire-au-flanc.

Le "*content marketing*" n'a pas de sens

Si vous n'êtes pas dans le monde de l'édition ou du divertissement, vous n'êtes PAS dans le business du content marketing, ne vous laissez pas avoir.

Vous devez vous concentrer sur des contenus qui vendent.

Vous ne pouvez pas faire de la publicité avec de simples contenus, mais avec des messages de vente déguisés en contenus.

Ces "contenus" doivent être conçus pour créer de l'autorité auprès d'une audience bien précise, afin d'avoir le pouvoir de "prescrire un remède" plutôt que de simplement vendre.

L'info-first est bien différent du content marketing parce que l'information est juste suffisante pour amener le prospect à faire le deuxième pas. Je ne m'intéresse pas aux statistiques de consommation du contenu (likes, vues), mais uniquement à ce qui me permet de mesurer les conversions, les entrées dans le funnel et le comportement à l'intérieur du funnel.

Il peut y avoir des secteurs où le content marketing fonctionne bien, comme dans le cas des jouets et des jeux vidéo. Par exemple, le succès du film La Reine des neiges II a fait vendre beaucoup de jouets à Hasbro. Les films, séries TV et dessins animés peuvent servir de publicité indirecte pour les jouets et les parcs à thème (et vice versa).

L'important est de ne pas tomber dans le piège de croire que parce que tout le monde remplit les blogs, les réseaux sociaux et YouTube de contenus, vous devez le faire aussi.

De l'acheteur au client

De nombreux entrepreneurs pensent que le premier

achat est déjà en soi une victoire, mais les plus astucieux savent que ce n'est que le début du processus de conversion.

Le marketing devrait s'occuper d'éliminer les doutes post-achat et de favoriser la satisfaction du client. Si pour obtenir des résultats, l'utilisation du produit est requise, alors à travers leurs propres médias, ils doivent motiver et assister dans l'utilisation même.

C'est le cas de la marque milliardaire PROACTIV de Guthy Renker, pour laquelle j'ai personnellement développé publicité et marketing: les consommateurs étaient mis dans la condition de ne jamais rester sans produit grâce au renouvellement automatique mensuel de la commande, mais le contrôle sur l'annulation était basé sur la motivation à utiliser le produit chaque jour pendant une période suffisante de temps pour voir les résultats.

Si chaque client existant effectue plusieurs achats répétés, vous aurez besoin de moins de nouveaux clients, c'est pourquoi il est si important de se concentrer sur l'augmentation de la fréquence.

Ensuite, il y a la question de la valeur différente du client qui prévient les erreurs dues à la simple considération des chiffres immédiats des campagnes publicitaires individuelles.

Supposons que, dans le cas d'un test A/B, la campagne (ou le média) A fournisse plus de clients de front-end (achat unique ou premier achat) mais moins de back-end (achats répétés ou de plus grande valeur). Pour ces raisons, il est important de suivre les achats et les comportements des clients provenant de différentes campagnes/médias sur une période de temps plus longue.

Mesurer uniquement les résultats immédiats pourrait nous amener à penser que la campagne A est meilleure que la B, en se trompant grandement.

En substance, la publicité repose sur 2 choses qui vont de pair: les chiffres et la psyché du client.

La même publicité qui ne fonctionne pas en l'absence d'un système de marketing organisé et efficace peut être très rentable lorsque ce système est en place et fonctionne bien. La publicité peut mener à l'achat mais ne peut pas augmenter la valeur du client.

Alors, qu'est-ce que la publicité?

La réalité est que tout est publicité ou une continuation de celle-ci; le succès nécessite de la cohérence, surtout si votre objectif est la relation, pas seulement la simple transaction.

Si vous voulez que votre publicité fonctionne, vous devez réussir à l'intégrer de manière cohérente dans toute la relation avec le client et l'expérience client.

CHAPITRE 5

Votre publicité ne manquera plus jamais

Je suis Darin Spindler et depuis mon plus jeune âge, je me suis toujours intéressé au marketing et aux affaires. Cependant, les choses les plus importantes que j'ai apprises, je les dois à Dan Kennedy, en particulier le triangle Marché-Message-Média.

Seulement si vous avez ces 3 éléments, vous savez qui vous voulez attirer et comment le faire.

Pourquoi construire une liste de clients est la chose la plus importante à faire

Nous avons commencé avec le club d'anniversaire avant même d'ouvrir notre pizzeria. Le concept est simple: inscrivez-vous pour recevoir un cadeau le jour de votre anniversaire.

De cette manière, cependant, nous avons construit un système entier pour générer des ventes toute l'année. De nos jours, il y a d'innombrables façons de créer du buzz avant même que le lieu ne soit opérationnel, pourquoi ne pas commencer avec un bang?

Maintenant, sur le site de ma pizzeria, il y a une bannière qui explique exactement comment obtenir une pizza gratuite le jour de son anniversaire, il suffit de s'inscrire en fournissant nom, adresse, date d'anniversaire et numéro de téléphone.

En échange, nous offrons une pizza au choix pour la date prévue, mais uniquement pour ceux qui viennent manger sur place. Comme vous pouvez l'imaginer, il est rare que quelqu'un vienne à la pizzeria seul le jour de son anniversaire. En fait, cette offre génère constamment plus de 21 dollars pour chaque pizza gratuite.

Après qu'un client s'inscrit, nous lui demandons par mail de partager cette offre sur les réseaux sociaux ou de transférer le mail à certains de ses amis pour augmenter les inscriptions.

Nous permettons également d'enregistrer jusqu'à 6 membres de la famille pour chaque carte du club d'anniversaire.

Actuellement, notre chaîne a enregistré les anniversaires de 40 000 personnes réparties sur 24 000 cartes, ce qui signifie (en moyenne) 1,5 membre par famille.

3 façons de construire une liste

1. Facebook;

2. Courrier direct;

3. Journaux.

Facebook

Facebook est un excellent outil pour attirer des clients, en particulier dans les secteurs de l'hospitalité et du divertissement. Vous pouvez sélectionner l'audience en fonction des intérêts (amateurs de bonne nourriture/vin/bière, etc.) et de la capacité de dépense (âge, emploi, etc.).

Les plus malins savent aussi qui ils NE veulent PAS attirer. Dans mon cas, ce sont ceux qui veulent une pizza à 5 euros. Je ne cherche jamais à les attirer, même s'ils finissent parfois par venir de toute façon (et écrivent souvent des critiques négatives parce qu'ils n'apprécient pas la haute qualité de nos matières premières). Ces gens ne regardent que le prix.

Une autre grande arme que Facebook nous offre est la possibilité d'atteindre avec la publicité les personnes qui célèbreront bientôt leur anniversaire, augmentant la chance qu'ils s'inscrivent à la liste pour bénéficier de la pizza gratuite.

La campagne pour attirer des inscriptions au club d'anniversaire est un excellent exemple de campagne evergreen, vous pouvez la configurer et la laisser tourner pendant des mois, voire des années, tant qu'elle fonctionne. Notre record a été de 3 ans, sans rien modifier.

Courrier direct

Notre restaurant est situé dans un quartier où le revenu moyen par famille est d'environ 50 000 $, mais ce n'est pas notre cible idéale.

Nous préférons utiliser notre budget pour envoyer des flyers par courrier dans d'autres quartiers, où les revenus par famille sont d'environ 80 000-110 000 $ et la possibilité de manger à l'extérieur augmente considérablement.

Nous n'envoyons pas seulement des flyers, mais aussi de véritables lettres ou de grandes cartes postales (impossibles à ignorer).

Faire du marketing par courrier peut sembler dépassé, mais c'est un excellent moyen de se démarquer de la concurrence et d'attirer l'attention.

Journaux

Les journaux imprimés sont en déclin, c'est vrai, mais nous avons également réussi à les exploiter.

Nous avons commencé avec des annonces classiques à côté des articles, mais cela n'a pas très bien fonctionné. En observant le journal du dimanche, j'ai remarqué que de nombreuses entreprises locales utilisaient le "Free Standing Insert", des coupons sur des feuilles volantes insérées à l'intérieur du journal.

J'ai décidé d'essayer avec les mêmes flyers que j'envoyais par courrier, en modifiant le lien et en le remplaçant par un lien dédié uniquement à cette publicité spécifique. Les résultats ont été très encourageants et nous avons également dépensé moins que pour les envoyer par courrier.

Au-delà des 3 méthodes

Au-delà de ces 3 méthodes, nous avons également promu notre club d'anniversaire dans les salons, sur les plateformes de coupons, lors d'événements de collecte de fonds, à la radio, etc.

Une fois que vous avez un système qui fonctionne, il n'y a pas de limite aux moyens de le promouvoir!

De nombreux entrepreneurs sont effrayés par le mot "gratuit", mais ils ne pensent pas au coût insoutenable de ne pas avoir de liste.

Pendant 4 ans, tous les vendredis, nous avons envoyé un e-mail par semaine à notre liste pour les tenir informés des nouveautés du restaurant, accompagnées d'une offre.

Le résultat est que le chiffre d'affaires hebdomadaire est constitué à 40 % de personnes inscrites à la liste, nos fans les plus fidèles.

La liste nous a sauvés

Dan Kennedy répète toujours cette phrase : "Creusez le puits avant d'avoir soif".

Heureusement que je l'ai écouté car lorsque la pandémie est arrivée en 2020, cela faisait déjà 3 ans que je creusais ce puits.

Les clients ne pouvaient plus venir manger sur place, heureusement nous avions déjà une belle liste de contacts avec qui communiquer instantanément. Nous les avons immédiatement informés que nous prendrions personnellement en charge les livraisons, en contournant UberEats & Co. et en permettant à toute notre équipe de continuer à travailler.

En plus de cela, nous avons créé des kits à assembler chez soi en suivant nos tutoriels en direct sur Zoom et d'autres initiatives pour consolider la base de fans.

De nombreux restaurants, à la même période, ont dû licencier et certains ne se sont jamais remis de ce coup dur. Tout cela parce qu'ils n'avaient pas de liste avec laquelle communiquer et dépendaient uniquement des clients de passage.

CHAPITRE 6

Le grand mensonge

Le grand mensonge de la publicité est de penser que les nouveaux médias nécessitent également de nouvelles tactiques et stratégies. Il est incroyable de voir comment les experts des nouveaux médias et les agences promeuvent des services dont les résultats ne peuvent pas être mesurés. Ils parlent de nouvelles métriques, mais la seule métrique qui compte vraiment est le chiffre d'affaires... seulement, ils n'aiment pas du tout parler de cela.

Mesurer le chiffre d'affaires vous oblige à être résolu et sans scrupules dans la mesure du ROI, le retour sur investissement. C'est le seul moyen de comprendre ce qui fonctionne et ce qui ne fonctionne pas, que ce soit pour les panneaux publicitaires ou pour les vidéos sur YouTube.

Celui qui vous dit le contraire est fou ou un menteur. S'il existe un média où il n'est pas possible de tracer les résultats qui comptent, ne l'utilisez pas. Point.

Quels clients voulez-vous?

Le succès n'arrive presque jamais par hasard, mais est la somme des choix faits par chacun d'entre nous. Bien sûr, un peu de chance aide toujours, mais sans les bons choix, cela ne suffit pas. Pour ces raisons, je dis que les clients que vous avez dépendent des choix que vous faites, si ils ne vous plaisent pas, c'est de votre faute. Si vous n'obtenez pas ce que vous voulez, c'est parce que vous n'avez pas bien défini vos objectifs.

Le premier pas pour choisir vos clients commence par la publicité, c'est pourquoi vous devez toujours vous demander: est-elle conçue et construite pour attirer les clients que je veux?

De cette question dépend la longueur du texte que vous écrirez, le média que vous choisirez, le format, etc.

Souvent, les textes les plus longs fonctionnent mieux que les courts, à moins qu'ils ne soient ennuyeux ou peu focalisés sur la bonne cible. Même si ce que tout le monde dit est vrai, c'est-à-dire que l'attention moyenne est en baisse, êtes-vous sûr de vouloir un client moyen? En général, il est stupide et a peu d'argent.

CHAPITRE 7

Les bases du message publicitaire

Ce chapitre, à lui seul, peut vous guider dans le développement de votre publicité.

Il y a 4 éléments essentiels pour qu'un message publicitaire fonctionne, sur n'importe quel média, voyons lesquels:

1. Nouveauté;

2. Promesse de bénéfice;

3. Affirmation de supériorité par rapport à la concurrence;

4. Appel à l'action spécifique (CTA).

Si votre publicité manque certains de ces éléments, ce n'est pas une publicité ou il s'agit de brand awareness, un luxe que beaucoup de petites entreprises ne peuvent pas se permettre.

Si vous voulez une publicité qui fonctionne, elle doit avoir ces 4 éléments fondamentaux.

Attention! Danger!

<u>Premier avertissement:</u> vous verrez beaucoup de publicités qui ne correspondent pas aux critères énumérés ci-dessus, ne vous laissez pas tromper. Le fait que beaucoup de gens fassent des choses stupides ne rend pas ces actions intelligentes par magie. Ne vous faites pas avoir.

<u>Deuxième avertissement:</u> beaucoup de personnes vont s'opposer à vous (experts, agences, collaborateurs, membres de la famille). Ne les écoutez pas ou vous échouerez.

1. Nouveauté

Le grand publicitaire David Ogilvy affirmait: "si vous n'avez rien de nouveau, pourquoi le publiciser?"

Quelque chose à propos de vous ou de votre produit devrait être intéressant, digne d'intérêt, tout comme ces restaurants qui annoncent un plat saisonnier en édition limitée ou une version améliorée d'un grand classique.

Beaucoup de grandes entreprises ont commencé leur ascension avec des nouveautés de ce genre; Invisalign, par exemple, a fait les gros titres en publicisant les appareils invisibles quand il n'existait que des appareils métalliques.

Il est nécessaire de trouver ce qui vous distingue de la concurrence. Plus le message est audacieux, plus la nouvelle sera perturbante.

Gary Halbert, un copywriter très célèbre, a écrit l'une des headlines les plus célèbres dans le style journalistique pour promouvoir le parfum d'une diva d'Hollywood:

"Tova Borgnine jure que son nouveau parfum ne contient pas d'aphrodisiaques illégaux ou de stimulants sexuels".

Une publicité de ce genre a tout pour être une véritable "breaking news"!

L'audace est toujours la réponse, rappelez-vous que "les vendeurs timides ont des enfants qui ont faim".

2. Promesse du bénéfice

Le bénéfice peut être l'évasion de circonstances négatives, douleurs et peurs de toutes sortes.

Très souvent, fuir quelque chose de négatif est plus efficace que simplement obtenir quelque chose de mieux.

Que vous décidiez de vous concentrer sur le positif ou le négatif (toujours mieux de tester les deux solutions avec un test A/B), rappelez-vous que le pouvoir de la publicité vient des émotions, pas des simples faits.

Les gens achètent d'abord entraînés par les émotions et justifient ensuite l'achat de manière logique.

Les meilleurs bénéfices sont ceux qui concernent la sphère personnelle, ne l'oubliez jamais.

3. Affirmation de supériorité par rapport à la concurrence

Cela se résume souvent à une USP (Unique Selling Proposition) ou une UVP (Unique Value Proposition). Pour faire simple, vous devez répondre à la question:

"Qu'est-ce qui vous donne le droit d'être ici, autre que le fait que vous voulez gagner de l'argent ?"

Voici la réponse de la peinture Rhino Shield:

"Avec notre peinture spéciale en céramique, vous n'aurez jamais à repeindre votre maison et dans 10 ans, elle semblera encore comme neuve, garanti!"

Ceci est ce que j'appelle une différence légitime et spécifique, essentielle pour battre la concurrence. Les slogans créatifs ou mignons ne servent à rien!

Je suis désolé de le dire, mais vous devez avoir une bonne raison d'être sur le marché, il ne suffit pas de dire que c'est votre passion ou que vous avez toujours rêvé de faire cela, vous ne pouvez pas vous permettre d'être un parmi tant d'autres.

4. Appel à l'action spécifique (CTA)

Les gens, généralement, réussissent bien à suivre des instructions précises sur ce qu'ils doivent faire. En revanche, s'ils ont trop d'options ou des instructions vagues, ils se confondent. Et un client confus n'achète rien.

La publicité doit expliquer exactement:

1. ce que vous voulez qu'ils fassent ensuite;

2. ce qui se passera quand ils le feront;

3. quel bénéfice ils auront en le faisant;

4. pourquoi il est important qu'ils le fassent immédiatement.

Faire toutes ces choses ne garantira pas le succès de votre publicité, mais ne pas les faire garantira votre échec.

Un autre célèbre copywriter et mon ami, John Carlton, imagine le client moyen comme un gros paresseux somnambule vivant sur le canapé. Il affirme que la publicité doit être capable de pousser ce paresseux à se lever et à courir au téléphone ou à l'ordinateur. Si votre publicité n'est pas aussi puissante, elle doit être repensée et réécrite.

Deux points sont cruciaux pour la rendre puissante:

1. Intercepter le dialogue mental du client. Votre publicité ne doit pas parler de votre produit ou service, mais doit parler à votre client de ses problèmes, de préférence avec les mêmes mots qui tournent déjà dans sa tête ;

2. Nous ne pouvons pas nous attendre à ce que les gens agissent dans leur intérêt, surtout à court terme, sans être guidés avec soin vers l'achat. Incluez toujours un appel à l'action adapté et clair.

CHAPITRE 8

Comment attirer les bons clients avec des consultations

Si pour vendre vos services complexes vous avez besoin d'une forme de consultation, ce chapitre vous sera très utile. Si vous suivez ces directives, vous pourrez presque automatiquement tripler vos clients, mais laissez-moi d'abord vous raconter une histoire.

"Il y avait deux villages qui obtenaient de l'eau d'un puits à proximité. Chaque matin, tout le monde devait se lever, prendre son seau et aller jusqu'au puits. Le système fonctionnait, il était simple, mais aussi physiquement exigeant. Si quelqu'un était malade ce jour-là, il devait espérer la gentillesse des autres. Si le temps était défavorable, ils pouvaient rester sans eau. Pendant l'été, il fallait beaucoup plus d'effort et de voyages au puits.

Un jour, le leader de l'un des deux villages eut une idée: construire un aqueduc. Le leader de l'autre village était contre à cause des coûts élevés, du temps et de l'effort nécessaires pour le construire. Il ne voulait pas ajouter l'effort de construire l'aqueduc à l'activité déjà fatigante de transporter l'eau avec des seaux. Ainsi, il décida de continuer à utiliser l'ancien système bancal, mais bon marché et facile.

Après que l'aqueduc ait été terminé, le village qui l'avait construit a commencé à se développer très rapidement, l'agriculture et l'élevage en ont énormément bénéficié. Les conditions sanitaires se sont également grandement améliorées.

Dans l'autre village, tout est resté pareil, sauf que beaucoup se sont déplacés vers le village voisin, réduisant la main-d'œuvre. Ils continuaient à dire que l'aqueduc coûtait trop d'argent et d'effort, qu'il briserait la tradition et que de toute façon il ne pourrait pas fonctionner parce que leur village était "différent". En tout cas, ils n'avaient ni l'argent ni la main-d'œuvre pour le réaliser car l'autre village avait volé leurs meilleurs ouvriers.

Bref, ils n'ont jamais progressé, la seule chose qui a continué à croître était le ressentiment envers leurs voisins, leur reprochant leurs propres échecs."

Cette histoire vous semble familière, n'est-ce pas ?

En fait, c'est l'histoire de nombreux petits business qui, malgré le fait qu'ils ne s'en sortent pas très bien, décident de rester petits et de ne pas résoudre leurs problèmes.

Pourquoi font-ils cela?

Parce qu'ils détestent la complexité; malheureusement, il n'existe pas de solutions simples à des problèmes complexes.

La vérité est que la plupart des entrepreneurs sous-estiment énormément la difficulté d'acquérir un client rentable, c'est pourquoi ils essaient de le faire de la manière la plus économique possible, échouant. À ce stade, au lieu d'approfondir et de comprendre pourquoi cela n'a pas fonctionné, ils se contentent de dire "Facebook ne fonctionne pas !", "le SEO ne fonctionne pas !", etc., et tentent une nouvelle méthode économique qui échouera également. Et ainsi de suite à l'infini.

Les bases de la génération de leads

Pour inciter un prospect intéressé à travailler avec vous à lever la main, vous devez lui donner une bonne raison d'interagir: nous appelons cela la génération de leads.

Si votre seule raison est: "Parce que nous sommes bons, probablement meilleurs que votre fournisseur actuel, donnez-nous une chance! " vous ne motiverez personne à vous appeler, sauf les plus désespérés. De plus, ils doivent également nécessairement avoir ces caractéristiques:

1. Ils doivent avoir déjà décidé d'acheter ce que vous vendez;

2. Ils doivent avoir déjà décidé de l'acheter de vous et non de vos concurrents;

3. Ils doivent être prêts à acheter immédiatement.

Tous ces obstacles font que très peu de personnes

vous contacteront. La réalité est qu'il y a très peu de clients prêts à acheter immédiatement, encore moins ceux qui vous connaissent et, en plus, il existe une multitude d'options disponibles sur le marché.

Ainsi, en faisant une offre, nous pouvons commencer à construire une liste de contacts et avec elle un flux de clients qui seront un jour prêts à acheter et qui doivent être guidés vers une consultation.

Comment créer une offre

Il y a deux grandes catégories d'offres : informations gratuites ou consultation gratuite.

Informations gratuites

Si vous ne savez pas par où commencer, l'idéal est de créer un guide qui aide votre client idéal à comprendre comment s'orienter dans le secteur et comment évaluer les différents services/professionnels en fonction de ses besoins.

Par exemple, si un client cherche un consultant IT pour son entreprise, comment sait-il qui est le plus compétent, honnête et adapté à lui? Quelles questions devrait-il poser pour comprendre toutes ces choses? Un outil utile pourrait être un guide intitulé "21 questions que vous devriez poser à votre nouveau consultant IT avant de signer un contrat, pour éviter les désastres."

Voici quelques moyens d'offrir des informations gratuites:

- Guides ou rapports gratuits ;

- Interviews, podcasts ;

- Livres ou e-books ;

- Quizz interactifs ;

- Séminaires, webinars.

Consultation gratuite

La consultation gratuite n'est rien d'autre qu'un rendez-vous de vente, mais pour ne pas effrayer les clients, nous l'appelons consultation. Mieux encore si vous pouvez trouver quelque chose de plus spécifique lié au secteur dans lequel vous opérez, par exemple "Check-up de sécurité informatique".

Voici quelques consultations que vous pouvez offrir:

- Première intervention de service gratuite;

- Diagnostic gratuit;

- Check-up médical;

- Cadeau lors du premier rendez-vous;

- Essai gratuit pour une période déterminée.

Pourquoi vous avez besoin des deux

Pour maximiser le nombre de consultations, vous devez offrir les deux options car si vous offrez seulement la consultation gratuite, vous perdrez l'opportunité d'attirer ceux qui commencent à y penser, mais ne sont pas encore prêts à parler à quelqu'un.

Les informations gratuites, ensuite, doivent être construites de manière à mener le client vers la consultation gratuite.

De plus, pour augmenter le ROI de votre marketing, il est essentiel de comprendre que:

1. Le matériel gratuit doit être "bien vendu". Même si vous offrez quelque chose gratuitement, cela ne signifie pas qu'il se vendra de lui-même, vous devez quand même être persuasif dans sa présentation, exactement comme si c'était payant. Pensez-y toujours lorsque vous rédigez vos matériaux de marketing.

2. Pour augmenter la réponse, vous devriez avoir une deadline ou une forme de rareté. Dans certains cas, cela n'a pas de sens de l'utiliser, mais vous devriez le faire chaque fois que c'est possible. Par exemple, dans le cas d'un webinar, vous pourriez dire qu'il n'y aura pas d'enregistrement, augmentant ainsi la présence, etc.

Une autre stratégie est d'offrir un bonus aux 10 premiers qui s'inscrivent à un événement ou qui acceptent l'offre.

Si vous offrez une sorte de Check-up, vous pouvez

décider de ne pas le rendre ouvert à tous toujours sur votre site, mais de créer des campagnes spécifiques sur des groupes de prospects sélectionnés, utilisant la rareté et des pages de destination dédiées.

1. Vous avez besoin d'une offre standard qui peut être utilisée toute l'année et qui va au-delà du besoin immédiat. Par exemple, si un atelier offre un changement d'huile gratuit seulement en août, très peu de personnes pourraient en avoir besoin. S'il offrait un check-up gratuit avant de partir en vacances, il obtiendrait beaucoup plus de personnes intéressées, même celles qui n'ont pas un besoin immédiat (surtout s'il le promouvait au printemps-été).

2. Tout ce que vous offrez doit fournir une valeur réelle. Si vous ne fournissez pas de valeur à l'avance, comment peuvent-ils comprendre que vos services sont vraiment utiles?

3. Promouvoir des informations gratuites est l'offre parfaite lorsque vous n'avez pas beaucoup d'espace pour un long copy. Par exemple, dans le cas des publicités Facebook, où un titre bien écrit suffit à vendre un livre, un webinar, etc. Il est plus difficile de vendre une consultation car elle nécessite plus d'explications sur son fonctionnement et ce qui se passera ensuite.

4. Toute information gratuite doit atteindre deux choses. Tout d'abord, elle doit être construite pour générer de l'intérêt pour votre activité et réserver une consultation. Enfin, elle doit

également vous positionner comme l'expert du secteur, éliminant toutes les autres options.

5. Une fois que vous avez trouvé les informations gratuites qui fonctionnent bien, transformez-les en d'autres formats. Si vous avez un webinar qui fonctionne bien, transformez-le en un livre, un guide téléchargeable, une vidéo YouTube, un podcast, etc. Plus vous avez de formats et plus vous atteindrez de personnes parce que chacun a ses formats et plateformes préférés; certains préfèrent écouter, regarder ou lire.

6. Pour convertir ceux qui ont demandé les informations gratuites, vous devez effectuer un suivi par email, appels téléphoniques et même par courrier, si possible, en essayant de fixer la fameuse consultation gratuite.

Promouvoir une consultation gratuite

Quiconque offre des solutions complexes tend déjà à offrir une consultation gratuite.

Médecins, consultants financiers, avocats, et similaires ont besoin de "prescrire une solution" car ils ne vendent pas de produits que l'on peut simplement "ajouter au panier".

Le problème est qu'ils le font mal, sans un processus bien établi et uniforme pour tous. Tout le processus repose sur l'humeur du moment ou les sensations ressenties avec le prospect.

Ainsi, tout d'abord, il faut cartographier le processus : du premier point de contact du client jusqu'à ce qui est dit pendant l'appel téléphonique. Essayez de répondre aux doutes les plus communs avant le rendez-vous de vente proprement dit (la soi-disant consultation).

Par exemple, si les clients se plaignent souvent du prix, expliquez immédiatement les raisons : pourquoi nous avons plus de techniciens par client, des réponses plus rapides, 24h/24, pas de centre d'appels à l'étranger, etc.

Un bon processus à imiter

1. Un lead s'inscrit pour accéder à des informations gratuites et termine immédiatement dans le CRM, déclenchant une série d'emails de suivi.

2. Il est immédiatement invité à réserver une consultation gratuite sur la page suivante. Avant de fixer le rendez-vous, ils doivent répondre à un court questionnaire. Qu'ils réservent la consultation ou non, ils recevront un email avec un lien vers les informations gratuites qu'ils voulaient.

3. Ceux qui répondent au questionnaire pourront réserver une date disponible

directement depuis le calendrier.

4. Dès que les données du questionnaire et du rendez-vous arrivent, un vendeur est assigné qui appellera le client pour s'assurer qu'il n'y a pas d'erreurs et qu'il ne change pas d'avis. Une petite séquence d'emails avec des informations utiles et le lien vers le calendrier est également activée pour ceux qui n'ont pas encore réservé la consultation.

5. Tous les leads sont vérifiés par l'administrateur de la base de données qui élimine les contacts spam ou hors cible et vérifie que toutes les informations sont correctes, en faisant également des recherches sur Google ou sur les réseaux sociaux, si nécessaire.

6. Après cette vérification minutieuse, un paquet peut être envoyé par la poste avec toutes les informations nécessaires pour vendre la consultation et continuer avec les emails et les appels téléphoniques. Ce processus dure 3 semaines ou moins, dans le cas où le client réserve la consultation ou affirme avoir changé d'avis.

7. Une campagne de retargeting sur Facebook ou LinkedIn promouvant la consultation gratuite est créée.

8. Si après tout cela ils ne réservent pas la consultation, ces contacts sont insérés dans la newsletter avec toutes nos mises à jour et posts de blog.

9. Chaque mois, nous dressons une liste de ceux qui ont commencé le processus 6 mois auparavant sans réserver une consultation et les insérons dans une série d'emails avec une offre plus agressive.

Construire un tel processus nécessite beaucoup de travail, mais je peux vous assurer que cela en vaut la peine à 100%. Une fois construit, il peut fonctionner seul, sans modifications, pendant des années.

CHAPITRE 9

17 mots pour gagner ou perdre

Vous avez probablement déjà entendu parler des titres (headlines).

En bref, c'est "la publicité de la publicité". Le titre est cette phrase/titre qui intrigue le lecteur et le pousse à lire le reste de la publicité/lettre de vente.

C'est un travail moins créatif que ce que l'on pourrait penser parce que le plus important n'est pas de paraître sympa ou intelligent, mais de capter l'attention du client idéal de manière magnétique.

Si vous ratez le titre, votre publicité sera tout simplement ignorée.

Comment écrire un titre puissant

(Même si vous avez du mal à écrire une liste de courses)

En 59 minutes ou moins

Pour écrire un titre puissant, vous avez besoin d'au moins l'un des 4 éléments essentiels expliqués dans le chapitre 7.

Pour être sûr de ne pas vous tromper, essayez de ne pas dépasser les 17 mots, même si dans ce cas j'ai dépassé, compensant avec une police plus petite dans la deuxième phrase.

Il y a beaucoup de modèles disponibles en ligne ou dans mon livre "The Ultimate Sales Letter" ou encore "How to Write Good Advertisement" de Victor Schwab.

Prenez-en 10 ou 20 et commencez à jouer avec en les adaptant à votre business, puis choisissez-en 2 et faites un test A/B pour voir lequel fonctionne le mieux.

CHAPITRE 10

Les 3 obstacles

Pour réussir, il est nécessaire de surmonter principalement 3 obstacles :

1. Le désintérêt;

2. Le scepticisme;

3. La résistance.

Surmonter le désintérêt

La plupart des gens montrent un désintérêt pour quelque chose de nouveau qui s'ajoute à leur vie déjà assez compliquée, ils sont peu réceptifs.

Donc, si votre message peut être ignoré, il le sera sûrement!

La meilleure cure contre le désintérêt est un message avec ces caractéristiques:

• spécifique;

• évident et clair;

• urgent.

Il y a un vieux dicton en marketing: si vous vendez à

tout le monde, en réalité vous ne vendez à personne.

Vous devez être l'option parfaite uniquement pour certaines personnes, qui vous reconnaîtront comme une option très pertinente pour elles.

Plus vous êtes précis, mieux votre publicité fonctionnera.

Donc la question "Qui sont vos clients?" est plus importante que "Que vendez-vous?".

Surmonter le scepticisme

Les gens croient généralement que:

- Si cela semble trop beau pour être vrai, c'est que c'est le cas;

- Il doit y avoir un piège;

- Il n'y a pas de repas gratuit.

Souvent, ils sont également convaincus d'avoir des problèmes impossibles à résoudre et se sont résignés à cette idée.

Ils ne font pas confiance aux vendeurs et ne se font pas confiance eux-mêmes avec les vendeurs. En bref, le scepticisme est un gros obstacle.

La preuve sociale (social proof) est un antidote très efficace, c'est pourquoi vous voyez souvent des témoignages de personnes qui étaient sceptiques mais qui ont ensuite changé d'avis sur un produit spécifique.

Ainsi, les témoignages, les statistiques et les avis sont toutes des tactiques qui permettent de surmonter le scepticisme. Vous ne pouvez pas, cependant, supposer ou prendre pour acquis que tout le monde vous croira.

Surmonter la résistance

Comme nous l'avons déjà dit, les gens ne se font pas confiance non plus car ils ont peut-être fait de mauvais choix par le passé ou se sont sentis manipulés.

Donc, si votre publicité vise à amener les clients à une rencontre en face à face ou au téléphone, vous devriez essayer de diminuer la tension. Souvent, on utilise des formules comme "sans engagement", "essai gratuit", etc.

CHAPITRE 11

Qu'est-ce que la Big Idea ?

Toutes les meilleures campagnes publicitaires sont centrées sur une Big Idea: quelque chose de nouveau qui les différencie de la concurrence et promet un avantage.

Une des phrases les plus célèbres de Donald Trump est : "Si vous devez penser, pensez grand !" Tous les business les plus réussis ont une Big Idea:

- Bezos a pensé à Amazon comme le "magasin qui vend tout" et concurrence le "Black Friday" avec les "Amazon Prime Days" ;

- Lorsque Domino's a commencé à vendre des pizzas, il a conquis les consommateurs avec la révolutionnaire "Livraison en 30 minutes ou moins, garantie !" ;

- Les resorts "The Sandals" ont été les premiers à apporter les packages tout inclus des croisières sur la terre ferme.

La Big Idea va au-delà du produit/service, c'est quelque chose de plus général.

Une magnifique Big Idea est : "Comment gagner un second salaire, sans un second travail".

Comme vous pouvez le remarquer, elle est détachée du produit en soi et pourrait potentiellement vendre n'importe quelle solution qui permet de gagner sans que ce soit un vrai travail.

Ou regardez cette autre idée créée pour des repas diététiques : "Mangez et perdez du poids". Ici aussi, on ne parle pas des caractéristiques spécifiques de ces repas, même si parfois cela peut arriver.

En général, cependant, la Big Idea parle de ce que le produit n'est pas, de ce qui n'est pas nécessaire pour le faire fonctionner ou de ce qu'il élimine (ex. les kilos en trop).

CHAPITRE 12

L'importance des tests

Le succès en publicité ne dépend presque jamais de ce que vous pensez, mais de ce que vous savez. Ce qui compte, ce sont les faits, pas les opinions, qu'elles soient les vôtres, celles de vos employés, de votre belle-mère, de votre web designer ou de votre agence.

Pour réussir, que ce soit en général ou en publicité, vous devez vous fier aux faits et rester sceptique vis-à-vis des opinions. Et pour obtenir des faits dans le domaine de la publicité, il n'y a qu'une seule façon : tester et enregistrer les résultats.

Surprises des tests

L'auteur célèbre Tim Ferris a choisi le titre de son best-seller, "La semaine de travail de 4 heures", en testant des centaines de titres avec une campagne Google Ads. Ce n'est pas lui qui a choisi, c'est le marché qui a choisi pour lui.

Malgré le fait que je sois un copywriter expert et que je sache quels sont les éléments nécessaires pour qu'une publicité fonctionne, je ne peux pas savoir, parmi plusieurs options valables, laquelle sera la meilleure avec une audience spécifique à un moment donné. Personne ne le peut. C'est là que les tests entrent en jeu.

Une lettre qui vaut un million de dollars

Voici le résultat d'un test accidentel qui nous montre l'importance des tests.

Pendant une semaine, le titre "Put music in your life" a été modifié par erreur en "Puts music in your life". Le "s" final transforme le sens original "Mettez de la musique dans votre vie" en "Mets de la musique dans ta vie".

Voulez-vous savoir pourquoi un simple changement de sujet a créé toute cette différence? Simplement, "mettez" demande un effort de la part du lecteur, "mets" transfère l'effort à quelqu'un d'autre.

Le concept célèbre du "fait pour toi" fonctionne toujours mieux que quelque chose qui requiert un effort personnel.

Cependant, il y a des raccourcis, voyons lesquels.

1. Les discours de vente

Il est important de noter ce que vous dites déjà en parlant à vos clients, en particulier les discours de vente qui ont prouvé leur succès ou les arguments de vos meilleurs vendeurs. Je les demande toujours à mes clients, ils m'aident énormément dans la rédaction des matériaux de marketing.

2. Swipe file et vol légalisé

Copier-coller une publicité ou tout texte produit par d'autres est illégal et incorrect.

Cependant, prendre certains éléments de publicités qui fonctionnent et les adapter à votre situation n'est pas seulement légal, mais aussi intelligent.

Avec le temps, vous devriez construire votre propre "swipe file", un ensemble de matériel publicitaire réussi adapté au secteur dans lequel vous opérez et d'où vous pouvez tirer de l'inspiration.

3. Conversations et interviews

Rien ne vaut le fait de vivre en contact avec vos clients idéaux. Si vous vendez à des gens ordinaires et que vous ne fréquentez pas les supermarchés Walmart, vous êtes fou. De même, si vous vendez à un public de luxe et que vous ne fréquentez pas le yacht club.

Les gens ne sont pas intéressés par votre produit ou service, mais par eux-mêmes, en particulier par:

- Famille
- Travail
- Divertissement
- Argent

Ainsi, si vous vendez un produit/service qui génère

peu d'intérêt, vous devez le vendre en parlant de l'une de ces quatre choses.

4. Utilisation de copywriters professionnels

Dans la plupart des cas, vous ne pouvez pas vous permettre d'engager de bons copywriters, et vous n'en avez même pas besoin.

Dans de nombreux cas, le niveau de vos concurrents est si bas que vous avez juste besoin de faire mieux qu'eux (et vous pouvez le faire vous-même).

Cependant, si vous pouvez vous le permettre et que vous souhaitez développer votre entreprise, un bon copywriter à réponse directe est certainement un excellent investissement.

Ne sous-estimez jamais l'importance du copy (le texte), il est même plus important que le produit ou service que vous devez vendre, car c'est le copy qui vous permet de le vendre.

Êtes-vous plus intelligent qu'hier ?

Vous ne pouvez pas devenir plus riche sans devenir plus intelligent.

Tester et analyser vous permet d'apprendre toujours plus sur vos clients et le marché dans lequel vous opérez. Donc, la question que vous devriez vous poser chaque soir est: "Qu'est-ce que je sais aujourd'hui sur mon business que je ne savais pas hier?"

Si vous n'avez pas de bonne réponse à cette question tous les jours, vous avez perdu l'occasion de devenir meilleur.

CHAPITRE 13

Les actifs evergreen

Dans ma carrière, j'ai toujours cherché à créer des actifs publicitaires. Créer des publicités evergreen, qui durent dans le temps, rend la publicité un investissement vraiment rentable.

Malheureusement, il existe une tendance à créer toujours de nouvelles publicités.

Il y a des années, j'ai créé pour un client une télévente (infomercial) de 30 minutes qui a fonctionné pendant 9 années consécutives. Mon seul travail pendant ces années a été de l'empêcher de changer de publicité parce qu'il en était fatigué de la voir!

La vérité est la suivante: il est plus facile d'atteindre de nouvelles personnes (avec la même publicité réussie) que de trouver une nouvelle publicité qui fonctionne.

Aucune publicité ne semble vieille aux yeux d'une personne qui ne l'a jamais vue auparavant. C'est pourquoi, une fois que vous avez une publicité qui fonctionne, vous devez simplement vous concentrer sur l'apport de nouveau trafic.

Par exemple, si vous avez une publicité qui fonctionne bien sur un certain média, adaptez-la pour l'utiliser sur d'autres canaux (texte, vidéo, audio) pour atteindre de nouvelles personnes.

Innovez et implémentez davantage, inventez moins !

Thomas Edison, contrairement à ce que l'on pense, était plus un promoteur qu'un inventeur, tout ce qui l'a rendu célèbre avait été inventé par d'autres.

Jeff Bezos n'a rien inventé lorsqu'il a créé Amazon.

Les inventions peuvent occasionnellement produire la gloire et la fortune, mais il est beaucoup plus facile d'améliorer quelque chose qui a déjà été inventé et de l'implémenter au mieux avec des systèmes de marketing adéquats.

Malheureusement, de nombreux entrepreneurs sont attirés par le génie et les nouvelles inventions, alors qu'ils s'ennuient à mort à implémenter et à améliorer ce qui existe déjà.

Comme toujours, la majorité se trompe sur "comment gagner de l'argent".

Rappelez-vous toujours que, souvent, nos pires ennemis, c'est nous-mêmes.

Une seule publicité peut-elle vous rendre riche?

Oui, absolument. J'ai créé plus d'une centaine de publicités, lettres de vente, téléventes, etc. Toutes ont généré au moins un million de dollars, certaines 10 ou même 20.

Tout commence avec les bonnes intentions et le bon objectif, il est important de comprendre la différence entre la richesse et les simples revenus.

C'est pourquoi il est important de comprendre les 3 façons de faire de l'argent:

1. Travail;

2. Personnes (travail multiplié);

3. Argent qui travaille pour vous (investissements).

Les deux premiers génèrent des revenus simples, seul le troisième construit la richesse.

C'est pourquoi il est important que vous vous entraîniez à penser comme un investisseur, pas comme un simple travailleur.

Quand vous serez capable de le faire, vous commencerez naturellement à créer des publicités evergreen au lieu de produire toujours du nouveau matériel. Et vous ferez partie d'une élite éclairée.

Les revenus viennent de ce que vous faites, tandis que la richesse vient de ce que vous possédez.

Investiriez-vous jamais dans un bâtiment qui doit être détruit et reconstruit tous les 5 ans ? Il génèrera certainement des revenus entre-temps, mais ne créera jamais de richesse. Si vous ne pouvez pas construire quelque chose de durable, quel sens y a-t-il à y investir de l'argent ?

De la même manière, je suppose que vous n'investiriez jamais dans un bâtiment où se produisent des catastrophes naturelles continues : Google, Facebook, YouTube (etc.) sont des plateformes peu fiables pour toute activité. Je ne dis pas de ne pas les utiliser, mais ne faites jamais l'erreur d'en faire les fondations de toute votre entreprise.

CHAPITRE 14

Conseils du fondateur de Clickfunnels

Je m'appelle Russell Brunson, co-fondateur en 2014 de Clickfunnels.com, une entreprise qui permet aux entrepreneurs de créer facilement des entonnoirs.

Au cours de ses 3 premières années d'existence, Clickfunnels a réalisé un chiffre d'affaires de plus de 100 millions de dollars et nous comptons actuellement plus de 100 000 utilisateurs actifs.

Je viens vous expliquer ce que j'ai appris durant toutes ces années: 95% de mon chiffre d'affaires provient de 3 funnels de base. Pas de stratégies de mode complexes ou récentes.

Je sais que les stratégies de base ne passionnent personne, mais ce sont elles qui détermineront votre succès ou votre échec.

Plus vous vous concentrez sur l'essentiel, en ignorant les « nouvelles du jour », plus vous gagnerez d'argent.

Je regarde des tonnes d'entonnoirs chaque jour, je vois des gens qui ont des milliers de variantes basées sur tous les scénarios auxquels ils peuvent penser (vente incitative, vente descendante, vente croisée, etc.) et pourtant beaucoup d'entre eux ne le font pas. tellement bien.

Revenons aux 3 funnels de base qui constituent 95% de mes revenus, voyons ce qu'ils sont:

1. 1. Le « Tripwire Funnel » où commence le processus de conversion ;

2. 2. Le « Webinar Funnel » où nous commençons à réchauffer le public et à cultiver la communauté;

3. 3. Le « Funnel haut de gamme ».

Comment les 3 funnel s'intègrent

Dans un monde parfait, je ne vendrais que mes produits haut de gamme, dans le cas de mon entreprise (paquets de 100 000 $).

Le problème est que vous ne pouvez pas vous présenter à un inconnu et lui dire: « Bonjour, je m'appelle Russell Brunson et je suis doué en marketing, si vous me donnez 100 000 $, je changerai votre entreprise pour toujours!

Vous devez fournir une certaine valeur dès le départ (gratuite ou à faible coût), sinon comment un client potentiel sait-il si vous pouvez l'aider ou non?

Par exemple, j'ai récemment vendu un exemplaire de mon livre à un gars qui, ayant reconnu sa valeur, m'a immédiatement demandé de l'aide pour mettre en œuvre ce qu'il avait lu. Ce seul exemplaire du livre m'a rapporté la somme énorme de 100 000 $.

Cela ne se passe pas toujours aussi bien, bien sûr, mais beaucoup de ceux qui tirent de la valeur du livre d'une manière ou d'une autre continuent de graviter autour de mon monde et de m'acheter quelque chose au fil du temps.

La clé, quoi que vous vendiez, est d'offrir un produit et une expérience qui apporteront tellement de valeur aux gens qu'ils reviendront sans cesse vers vous.

1. Le "Tripwire funnel"

Il s'agit généralement de quelque chose comme « produit gratuit + livraison payante », axé sur le trafic froid ou sur ceux qui ne vous connaissent pas encore.

Pour trouver le bon produit, vous devez réfléchir à qui sont vos clients idéaux et à ce qu'ils veulent. Qu'est-ce qui les inciterait à s'arrêter et à vous faire savoir qu'ils sont intéressés?

N'oubliez pas que la première vente que nous effectuons n'est pas pour gagner de l'argent, mais pour acquérir un client qui achètera plusieurs fois au fil du temps.

Une fois que le client entre dans l'entonnoir, vous devez commencer à « l'endoctriner » car, à partir du moment où il accepte votre offre, il peut y avoir mille distractions qui peuvent l'empêcher de passer à l'étape suivante.

Pour pallier cet inconvénient, je commence à leur envoyer une série de vidéos par email pour les sensibiliser et les accompagner vers l'étape suivante, le webinaire.

Cela ne s'applique pas seulement aux webinaires classiques, mais à toute entreprise. Imaginez que vous ayez un magasin de vêtements classique et que tout votre trafic payant soit envoyé vers le site, où il y a un code de réduction à utiliser dans le magasin (et vous les incitez à s'inscrire).

Chaque fois qu'une nouvelle collection est sur le point d'arriver, vous organisez une diffusion en direct sur Facebook ou Zoom directement depuis votre boutique que vous utiliserez pour montrer les nouveaux vêtements aux clients. Envoyez simplement les invitations par e-mail à ceux qui sont déjà entrés en contact avec vous (via le code de réduction).

La semaine précédant l'événement, vous envoyez un email avec un lien vers une vidéo qui met en avant un élément particulier (et que vous montrerez plus en détail lors de la diffusion en direct).

2. Le "Webinar funnel"

Beaucoup diront que ce n'est pas pour eux parce qu'ils ont un restaurant ou une entreprise traditionnelle qui ne correspond pas au webinaire. Je l'ai déjà démontré avec le magasin de vêtements et Darin Spindler (au chapitre 5) l'a démontré avec un restaurant, à travers des cours ou des kits à assembler.

Les webinaires ne sont pas seulement utiles pour les entreprises en ligne, il vous suffit de faire preuve d'un peu de créativité et d'y réfléchir.

Les webinaires classiques se vendent généralement entre 300$ et 3000$.

Normalement, les clients « tripwire » doivent être immédiatement informés et poussés vers le webinaire mais, si un bon travail est fait, le webinaire peut fonctionner même avec un trafic froid.

Ceux qui ont suivi le webinaire sont cependant instruits et poussés vers le «Funnel haut de gamme».

3. "Funnel haut de gamme"

Ce sont les entonnoirs où je demande normalement entre 3000$ et 100000$.

Puisqu'il est très difficile de vendre quelque chose d'aussi cher en ligne, ce type d'entonnoir fait passer les gens du ligne au hors ligne (vente par téléphone ou en personne).

Prenons l'exemple d'un dentiste: tripwire peut être un traitement de blanchiment gratuit qui donne lieu à un webinaire qui débouche ensuite sur des services haut de gamme comme un implant, un Invisalign, etc.

Ou un chirurgien esthétique: le tripwire est une séance de botox gratuite, puis il y a un webinaire qui débouche sur une prestation haut de gamme comme une véritable opération.

Tous les entonnoirs devraient finalement mener à l'entonnoir haut de gamme, car ce sont les services qui ont le plus d'impact sur les résultats de votre client. De plus, ce sont aussi les services qui permettent de gagner le plus, ceux avec la majoration la plus élevée, surtout si le coût d'acquisition a déjà été couvert par les entonnoirs inférieurs.

Une tactique que j'utilise toujours pour faciliter l'ascension est la suivante, sur la page de remerciement de l'entonnoir précédent, j'écris: "Avez-vous besoin d'aide pour mettre en œuvre ce que vous avez acheté?" essayer de vendre incitatif.

Normalement, les plus actifs accepteront immédiatement, généralement 1 à 2%.

Ensuite, au cours des 60 jours suivants, j'essaie d'amener ce pourcentage à 10% grâce à des stratégies de suivi.

Fondamentalement, ces 3 entonnoirs vous suffisent pour garantir que votre publicité n'échoue plus jamais.

CHAPITRE 15

Budget publicitaire ? Une absurdité

On enseigne aux entrepreneurs et aux managers de définir des budgets. C'est une de ces choses que l'on fait parce que tout le monde les fait, mais c'est une bêtise.

Si une publicité fonctionne et vous apporte des clients de bonne qualité à bas prix, pourquoi devriez-vous vous arrêter une fois le budget atteint? Ça n'a pas de sens.

Ce qui a du sens, c'est de suivre le ROI, le retour sur investissement. Si pour chaque dollar dépensé, vous en récupérez au moins deux, vous n'avez aucune raison de vous arrêter, continuez tant que vous le pouvez.

Le marketing direct est le seul qui vous permet de connaître chaque jour quel est votre ROI. Avec la notoriété de marque, c'est beaucoup plus difficile, peut-être pouvez-vous essayer de le calculer grossièrement année par année.

La seule façon de gérer au mieux les risques est d'avoir toujours à disposition des données sûres et opportunes.

La publicité est-elle un art ou une science?

Je pense que maintenant vous devriez connaître la réponse à cette question.

Beaucoup pensent qu'il s'agit d'un processus créatif, alors qu'en réalité c'est plus un processus méthodique. Il y a des formules à respecter et des éléments fondamentaux à inclure.

Vous n'avez pas besoin d'un "génie" pour appliquer la méthodologie, mais juste un peu d'intelligence et de discipline. Ce n'est pas de la magie, mais quelque chose que vous pouvez comprendre et utiliser à votre avantage.

Dans ce livre, j'ai essayé de présenter l'ensemble du processus intégré de publicité, marketing, ventes et développement client; c'est un effort commun et organisé, pas une série de sections d'entreprise qui ne communiquent pas entre elles.

J'espère aussi avoir clarifié la différence entre la réponse directe et tout le reste de la publicité, c'est-à-dire celle faite comme "art aux frais du client".

N'oubliez jamais qu'il s'agit de votre argent, c'est à vous de décider comment il est dépensé.

Le secret d'une publicité réussie

Comme nous l'avons vu, souvent la publicité échoue parce qu'elle n'est pas intégrée dans un système complet.

Quand un client me demande simplement une meilleure publicité, je refuse. On ne peut pas résoudre un problème avec une publicité si l'on n'analyse pas d'abord l'ensemble du modèle d'affaires et le système d'acquisition/gestion des clients.

Il s'agit avant tout d'efficacité financière et de lutte contre les gaspillages parce que le secret est le suivant: celui qui peut dépenser le plus pour acquérir un client, gagne!

Si je faisais une bonne publicité pour une entreprise qui n'a pas un modèle d'affaires durable ou un système bien étudié, je n'accélérerais que son échec.

Maintenant que vous avez toutes ces informations, la question est: que ferez-vous pour vous améliorer?

Notes

Cette synthèse de "*Why advertising fails and how to make your succed*" a été soigneusement préparée pour diffuser les principes de la pensée Kennedy en français.

Dan Kennedy est l'un des protagonistes les plus influents et importants du marketing à réponse directe et, malheureusement, ses livres ne sont disponibles qu'en anglais. Bien que ce soit une version extrêmement synthétique, nous sommes convaincus qu'elle peut servir de tremplin pour ceux qui ne connaissent pas bien l'anglais, mais qui souhaitent approfondir et appliquer sa pensée.

Le but de cette synthèse est purement informatif, nous ne voulons en aucun cas la remplacer par le livre original de Dan Kennedy (disponible sur Amazon via le code QR).

L'équipe de Éditions Concentré